# PROSERPINE,

## *TRAGÉDIE,*

REPRÉSENTÉE DEVANT LE ROI;

*A Saint Germain en Laye, en 1680;*

ET PAR L'ACADÉMIE-ROYALE

## *DE MUSIQUE,*

En Juillet 1699. Mars 1715. Janvier 1727. Janvier 1741.

*ET REMISE AU THÉÂTRE,*

Le Mardi 14 Novembre 1758.

*PRIX XXX SOLS.*

*AUX DÉPENS DE L'ACADÉMIE;*

A PARIS, Chez la V. DELORMEL & FILS, Imprimeur de ladite Académie, rue du Foin, à l'Image Ste. Geneviéve.

*On trouvera des Livres de Paroles à la Salle de l'Opera.*

M. DCC. LVIII.

*AVEC APPROBATION ET PRIVILEGE DU ROI.*

*Les Paroles de feu M.* QUINAULT.

*La Muſique de feu M.* DE LULLY.

# ACTEURS CHANTANTS

## *DANS LES CHŒURS.*

| CÔTE' DU ROI. | | CÔTE' DE LA REINE. | |
|---|---|---|---|
| *Mesdemoiselles.* | *Messieurs.* | *Mesdemoiselles.* | *Messieurs.* |
| Larcher. | Lefevre. | D'alliere. | S. Martin. |
| De Cazau. | Le Page. | Massont. | Gratin. |
| | l'Evesque. | Lachantrie. | Le Mesle. |
| Letourneur. | Rosé. | Salaville. | Albert. |
| Chefdeville. | Jaubert. | | L'Écuyer. |
| | Scelle. | Dauger. | Tourcaty. |
| Durand. | | Héry. | Chappotin. |
| | Rose. | | Feret. |
| La Croix. | Robin. | Edmée. | Favier. |
| Dubois c. | Antheaume. | Emilie. | Du Perrier. |
| Flamery. | Parant. | Roussel. | Artique. |

## ACTEURS CHANTANTS.

CERÈS,      M$^{lle}$ Chevallier.

CYANÉ, *Nymphe de Sicile, Confidente de* CERES,      M$^{lle}$ Rivier.

CRINISE, *Dieu du Fleuve de Sicile*, M$^r$ Defentis.

MERCURE,      M$^r$ Pillot.

ARÉTHUSE, *Nymphe aimée d'*ALPHÉE,      M$^{lle}$ Fel.

ALPHÉE, *Dieu de Fleuve, Amant d'*ARÉTHUSE,      M$^r$ Poirier.

PROSERPINE, *Fille de* JUPITER, & *de* CERES,      M$^{lle}$ Arnoud.

TROUPES *de* NYMPHES, *de* DIEUX DES BOIS, & *d'*HABITANTS *de Sicile.*

PLUTON, *Dieu des Enfers*,      M$^r$ Gélin.

ASCALAPHE, *Fils du Fleuve Achéron*, & *Confident de* PLUTON,      M$^r$ Larrivée.

TROUPES *de* DIVINITÉS INFERNALES, *de* SUIVANTS *de* CERES & *d'*OMBRES HEUREUSES.

UNE OMBRE HEUREUSE,      M$^{lle}$ Dubois.

Les trois FURIES, M$^{rs}$ Lombard, Muguet, Defbelles.

JUPITER,      M$^r$ Defentis.

TROUPES *de* DIVINITÉS CELESTES & TERRESTRES.

# PERSONNAGES DANSANTS.

## ACTE PREMIER.
### HABITANTS DE SICILE.
Mlle. VESTRIS.

Mr. LAVAL.

Mr. DUPRÉ.  Mlle. MESCAR.

Mrs. Henry, Rivet, Trupty, Desplaces, Granger, Gardel.

Mlles. Morel, Thételingre, Armand, Siam, Gallodier, Valentin.

## ACTE SECOND.
### NIMPHES DE LA SUITE de PROSERPINE.
Mlle. LANY.

Mlles. Couppé, Chaumard, Riquet, Demiré, Morel, Armand, Deschamps, Blin.

## ACTE TROISIEME.
### SUIVANTS DE CERÈS.
Mrs. Hyacinte, Rivet, Desplaces, Hamoche, Valentin.

### HABITANTS DE LA CAMPAGNE.
Mrs. Feuillade, Béate, Trupty, Granger, Sciot, Gardel.

# ACTE QUATRIEME.

## OMBRES HEUREUSES.

### M<sup>lle</sup>. PUVIGNÉE.

M<sup>r</sup>. LAVAL.          M<sup>lle</sup>. RIQUET.

M<sup>rs</sup>. Lelievre , Henry , Dubois , Dupré , Hus, Levoir.

M<sup>lles</sup>. Couppé , Chaumard , Demiré , Deschamps Armand , Blin.

## DIVINITÉS INFERNALES.

M<sup>r</sup>. LYONNOIS.          M<sup>lle</sup>. LYONNOIS.

M<sup>rs</sup>. Hyacinte , Trupty , Rivet , Desplaces, Granger , Gardel.

# ACTE CINQUIEME.

## DIVINITÉS CÉLESTES.

### M<sup>r</sup>. VESTRIS.

### M<sup>lle</sup>. LANY.

M<sup>rs</sup>. Lelievre , Hyacinte , Henry , Hus.

M<sup>lles</sup>. Couppé , Riquet , Demiré , Mescar.

## DIVINITÉS TERRESTRES.

### M<sup>r</sup>. LANY.

M<sup>rs</sup>. Béate , Dubois , Trupty , Hamoche , Sciot.

M<sup>lles</sup>. Morel , Martigny , Procope , Siam , Le Clerc.

# PROSERPINE,
## *TRAGÉDIE.*

# ACTE PREMIER.

*Le Théâtre représente un Vestibule orné, du Palais de Cerès. On voit dans le fond un Trophée élevé à l'honneur de Jupiter, vainqueur des Titants. Le Mont Ætna paroît dans l'éloignement.*

# SCENE PREMIERE.
## *CERÈS.*

GOUTONS dans ces aimables lieux
Les douceurs d'une Paix charmante.
Les superbes Géants, armés contre les Dieux,

Ne nous donnent plus d'épouvente :
Ils font enfevelis fous la maffe pefante
Des Monts qu'ils entaffoient pour attaquer les Cieu
Nous avons vu tomber leur Chef audacïeux
Sous une montagne brûlante ;
Jupiter l'a contraint de vomir à nos yeux
Les reftes enflâmés de fa rage mourante ;
Jupiter eft victorïeux ,
Et tout céde à l'effort de fa main foudroyante.

Goûtons dans ces aimables lieux ,
Les douceurs d'une paix charmante.

## S C E N E  I I.

*( M E R C U R E  defcend du Ciel. )*

### M E R C U R E ,  C E R È S.

### C E R É S.

MErcure, quel deffein vous fait ici defcendre

### M E R C U R E.

Jupiter près de vous m'ordonne de me rendre.

### C E R É S.

Non , non , à vos difcours je n'ôfe ajoûter foi :
Jupiter , après fa victoire ,

Song

onge à tenir en paix l'Univers sous sa loi ;

l est trop occupé de sa nouvelle gloire :

Eh ! le moyen de croire

Qu'il songe encore à moi ?

## MERCURE.

Dans les soins les plus grands , dont son âme est
remplie ,

Il se soûvient toûjours que vous l'avés charmé ;

Il est mal - aisé qu'on oublie

Ce qu'on a tendrement aimé.

J'admire les dons que vous venés de faire

En cent climats divers ;

L'abondante Sicile , heureuse de vous plaire ,

De vos riches moissons voit tous ses champs couverts.

Mais la Mere des Dieux se plaint que la Phrigie ,

Qu'elle a toûjours chérie ,

Ne se ressente pas de vos soins bienfesants ;

Et c'est Jupiter qui vous prie

D'y porter vos divins présents.

Quelle gloire de voir qu'un Dieu si grand implore

Votre favorable secours !

## CERÈS.

Peut-être qu'il m'estime encore ;

Mais il m'avoit promis qu'il m'aimeroit toûjours.

B

*MERCURE.*

Il fent l'ardeur qu'un tendre amour infpire,
Avec plaifir il fe laiffe enflâmer ;
Mais un Amant, chargé d'un grand Empire,
N'a pas toûjours le tems de bien aimer.

*CERÈS.*

Quand de fon cœur je devins fouveraine,
N'avoit-il pas le monde à gouverner ?
Et ne trouvoit-il pas, fans peine,
Du tems de refte à me donner ?
Je l'ai vu fous mes Loix, ce Dieu fi redoutable,
Je l'ai vu plein d'empreffement :
Ah ! qu'il feroit aimable,
S'il aimoit conftamment !

*MERCURE.*

Son amour craint trop de paroître ;
Dans le Ciel on l'obferve avec des yeux jaloux.

*CERÈS.*

De quels Dieux n'eft-il pas le maître ?
Ne les fait-il pas trembler tous ?
Que vous l'excufés mal, quand mon amour l'accufe!
S'il pouvoit avoir quelque excufe,
Mon cœur la trouveroit mille fois mieux que vous.
Allés ; à fes défirs il faut que je réponde.

Je quitte une paix profonde,

Qui m'offre ici mille appas :
Que ne quitteroit-on pas,
Pour plaire au Maître du monde ?
(*Mercure remonte au Ciel.*)

## SCENE III.
### ARÉTHUSE, CERÈS.
#### CERÈS.

LA Phrigie a befoin de mes dons précïeux,
Et je laiffe avec vous Proferpine en ces lieux :
J'ai peine à la quitter, cette Fille fi chere...

#### ARÉTHUSE.

Je fuis dans la Sicile une Nymphe étrangere :
Je viens vous conjurer de m'en laiffer partir.

#### CERÈS.

Non, Aréthufe, non ; je n'y puis confentir.

#### ARÉTHUSE.

Alphée à mon repos a declaré la guerre :
Diane, propice à mes vœux,
En vain, pour me cacher à ce Fleuve amoureux,
Fit ouvrir le fein de la terre :
Il n'eft point de détours, dans l'ombre des Enfers,
Que fon amour n'ait découverts :

B ij

Je l'ai trouvé par tout, & fous des mers profondes,
J'ai vu fes flots brûlants fuivre mes froides ondes;
Je veux le fuir encore au bout de l'Univers.

### CERÉS.

Les foins d'un amour extrême
Devroient moins vous allarmer :
Vous craignés trop qu'on vous aime;
Ne craignés-vous point d'aimer ?

Vous rougiffés, Aréthufe ;
Votre rougeur vous accufe ;
Il eft aifé de voir, dans ce trouble fatal,
Le péril où l'Amour en ce lieu vous expôfe.

### ARÉTHUSE.

Le dangereux Amour ! Que je lui veux de mal
Du trouble qu'il me caufe !

### CERÉS.

Avec Alphée ici je veux vous arrêter.

### ARÉTHUSE.

Eh ! de grace, aidés-moi plûtôt à l'éviter.

Je crains enfin qu'il ne m'engage,
Et fa conftance me fait peur :
Non, fi je le vois davantage,
Je ne réponds plus de mon cœur.

## CERÈS.

Aimés fans vous contraindre,
Aimés à votre tour.
C'eſt déja reſſentir l'amour,
Que de commencer à le craindre

Je vais voir Proſerpine, & partir promtement :
Demeurés avec elle en un lieu ſi charmant.

# SCENE IV.
## ARÉTHUSE, *ſeule.*

Vaine fierté, foible rigueur,
Que vous avés peu de puiſſance
Contre l'amour & la conſtance !
Vaine fierté, foible rigueur,
Ah, que vous gardés mal mon cœur !

Envain, par vos conſeils, je me fais violence :
Je combats vainement une douce langueur :
Hélas ! vous m'engagés à faire réſiſtance,
Et vous me laiſſés, fans défenſe,
Au pouvoir de l'Amour vainqueur :
Vaine fierté, foible rigueur,
Que vous avés peu de puiſſance
Contre l'amour & la conſtance !

Vaine fierté, foible rigueur,
Ah, que vous gardés mal mon cœur!
Je vois Alphée, ô Dieux! où fera mon afile?
Mon cœur eft déja charmé,
Et ma fuite eft inutile;
Hélas! qu'il eft difficile
De fuir un amant aimé.
Il approche... je tremble... Ah! faut-il qu'il jouïffe
Du trouble honteux où je fuis?
Pardonne, Amour, fi je le fuis,
J'en reffens un cruël fupplice;
Mais n'importe, je veux l'éviter fi je puis.

# S C E N E  V

## ALPHÉE, ARÉTHUSE.

### A L P H É E.

A Rrêtés, Nymphe trop fevere;
Ne fuyés plus, d'une courfe légere,
Les foins trop empreffés de mon cœur amoureux;
Nayés plus contre moi ni chagrin ni colere,
J'ai réfolu de ne vous plus déplaire,
Et je vais étouffer mon amour malheureux.

## A R É T H U S E.

Alphée. · · ·

### A L P H É E.

Alphée enfin vous arrête , inhumaine;
Mais vous vous arrêtés pour voir brifer fa chaîne.
C'en eſt fait , mes fers ſont rompus.

### A R É T H U S E.

Alphée , eſt - il bien vrai ?

### A L P H É E.

N'en doutés plus , Cruëlle !
Je le reprends ce cœur trop tendre & trop fidele ,
Ce cœur trop rebuté par un ſi long refus.

### A R É T H U S E.

Alphée , eſt-il bien vrai que vous ne m'aimiés plus ?

### A L P H É E.

Ingrate ! il eſt trop vrai , mon cœur romt avec peine
Des nœuds qu'il a trouvé ſi beaux ;
Mais de peur qu'il ne les reprenne
Je le veux engager en des liens nouveaux.

J'ai vu l'aimable Proſerpine :
On connoît , à l'éclat de ſa beauté divine ,
Que du maître des Dieux elle a reçu le jour.
Rendés - lui grâce ;

C'eſt elle qui vous débaraſſe
De mon fâcheux amour.

### A R É T H U S E.

Si Proſerpine eſt belle,
Son cœur eſt fier & rigoureux :
Votre chaîne nouvelle
Ne vous rendra pas plus heureux.

### A L P H É E.

N'importe, je veux bien ſouffrir ſous ſon empire.
Vous ne m'avés déja que trop accoûtumé
Au rigourex martyre
D'aimer ſans être aimé.

Proſerpine vous aime, & j'ôſe au-moins prétendre
Que vous me ſervirés dans cet engagement.
Vous ſavés ſi mon cœur eſt tendre,
Vous avés éprouvé s'il aime conſtamment...

ARÉTHUSE, *voulant fuir* A L P H É E, *qui la ſuit.*

Non, je ne veux jamais entendre
Parler ni d'amour ni d'amant.
Me ſuivrés-vous ſans ceſſe ?

### A L P H É E.

Me fuirés-vous toûjours ?
L'ingrate Aréthuſe me laiſſe

Sans

Sans efpoir de fecours !
C'eft un feu nouveau qui me preffe . . .

### ARÉTHUSE.

Me fuivrés-vous fans ceffe ?

### ALPHÉE.

Me fuirés-vous toûjours ?

---

# SCENE VI.

PROSERPINE, ALPHÉE, ARÉTHUSE,
CYANÉ, CRINISE;

TROUPES DE DIVINITÉS & DE PEUPLES de Sicile.

### PROSERPINE.

CErès va nous ôter fa divine préfence ;
Ces lieux vont perdre leurs attraits,
Cerès, favorable Cerès,
Faites ceffer bientôt votre cruëlle abfence :
Cerès, favorable Cerès,
Ecoutés nos triftes regrèts.

### LE CHŒUR.

Cerès, favorable Cerès, &c.

C

## SCENE VII·

### CERÈS, PROSERPINE, ALPHÉE, ARÉTHUSE, CYANÉ, CRINISE;

TROUPES de DIVINITÉS & de PEUPLES.

CERÈS, au milieu des airs, sur son Char tiré par des Dragons aîlés.

Vous, qui voulés pour moi signaler votre zele,
Ne troublés point la paix de cet heureux séjour;
Je presse mon départ pour hâter mon retour.
Accompagnés ma Fille avec un soin fidele :
Changés vos tristes chants en de charmants concerts;
Que j'entende en partant, dans le milieu des airs,
Eclater la gloire nouvelle
Du plus grand Dieu de l'Univers.

# SCENE VIII.

PROSERPINE, & les Acteurs de la Scêne
ci-deſſus, hors CERÈS.

PROSERPINE, ARÉTHUSE, & le CHŒUR.

CÉlébrons la victoire
Du plus puiſſant des Dieux :
Qu'un Trophée éternel conſacre la mémoire
D'un triomphe ſi glorïeux.
Célébrons la victoire
Du plus puiſſant des Dieux.

*On danſe autour du Trophée élevé à l'honneur de Jupiter.*

### ARÉTHUSE.

Ornés de fleurs vos têtes :
Chantés ce Dieu, chantés ſa gloire & ſes bienfaits.
Quel vainqueur fut jamais plus digne de vos fêtes ?
Il trïomphe, il vous rend la paix.

*La Fête continue, & eſt interrompue par un tremblement
de terre.*

### PROSERPINE.

Ce Palais va tomber ; o Dieux la terre s'ouvre !

### CRINISE.

Quels tremblements affreux !

L'Enfer découvre
Ses gouffres ténébreux.

### CHŒUR.

Jupiter, lancés le tonnere.

### PROSERPINE.

Renversés par de nouveaux coups
Le Chef audacieux des enfants de la terre :
Il veut se relever pour s'armer contre vous.

### CHŒUR.

Achevés d'étouffer la guerre ;
Jupiter, lancés le tonnere.

*Le tonnerre tombe sur le Mont Ætna, & ce coup achève d'accabler le Chef des Géants, qui s'efforçoit de se relever.*

## FIN DU PREMIER ACTE.

# ACTE SECOND.

*Le Théâtre repréſente les Jardins de* CERES.

## SCENE PREMIERE.
### CRINISE, ALPHÉE.
### CRINISE.

JUpiter a domté les Géants pour jamais.
Ce beau ſéjour brille de nouveaux charmes,
Tout y reſſent les douceurs de la Paix:
Ah, que le repos a d'attraits,
Après de mortelles allarmes !
### ALPHÉE.
La Paix dans ces beaux lieux m'offre envain mille
appas,
L'Amour en rend pour moi la douceur inutile,
Cruël Amour ! hélas,

Que me fert-il de voir tout le monde tranquille
Si mon cœur ne l'eft pas?

### CRINISE.

Vous changés, vous quittés une Nymphe inhu-
maine,
Votre cœur ne rifque rien
A choifir une autre chaîne:
C'eft toujours un bien
De changer de peine.

### ALPHÉE.

Heureux qui peut être inconftant!
Rebuté des rigueurs d'une haîne éternelle,
J'ai voulu la quitter, cette Beauté cruëlle,
Et j'éprouve qu'en la quittant
Mon cœur eft encor moins content.
J'ai feint de reffentir une flâme nouvelle:
J'ai fait voir à fes yeux un dépit éclatant;
Mais, hélas! dans le même inftant
Je brûlois en fecret, je languiffois pour elle,
Et je ne l'aimai jamais tant.
Qu'il coûte cher d'être fidele!
Heureux qui peut être inconftant!

### CRINISE.

Quelqu'un vient, gardés le filence.

## A L P H É E.

C'eſt Aſcalaphe qui s'avance :
Pour quelque ſoin preſſant il quitte les Enfers.
Il n'a de mon amour que trop de connoiſſance.
Où n'ai-je point porté la honte de mes fers !

---

# SCENE II.

## A S C A L A P H E, A L P H É E.

### A L P H É E.

Venés goûter ici le doux air qu'on reſpire.

### A S C A L A P H E.

Je dois ſuivre le Dieu de l'infernal Empire.

La Terre, par ſes tremblements,
Vient d'ébranler les fondements
De nos demeures ſombres :
Pluton a voulu voir ſi la clarté des Cieux
Ne s'ouvre point de paſſage en ces lieux,
Pour aller aux Enfers effaroucher les Ombres.

Il me permet de voir Aréthuſe un moment.

### A L P H É E.

D'où vous vient tant d'empreſſement ?

### A S C A L A P H E.

Je l'ai vue aux Enfers, que je la trouve belle !

*A L P H É E.*

L'Ingrate me fuyoit, elle eſt toûjours cruëlle.

*A S C A L A P H E.*

Ses crüautés pour vous, ſes ſoins pour fuir vos pas,
Ont encore à mes yeux augmenté ſes appas.

*A L P H É E.*

Les flâmes amoureuſes
Deſcendent-elles juſqu'à vous ?
L'Amour veut un ſéjour plus doux
Que vos demeures ténébreuſes.

*A S C A L A P H E,*

L'Aſtre brillant qui vous luit
Finit ſon cours dans les ondes,
Il ne peut percer la nuit
De nos demeures profondes ;
Mais il n'eſt point de ſéjour
Impénétrable à l'Amour.

# SCENE III.
*A L P H É E.*

A Mants , qui n'êtes point jaloux ,
Que votre ſort eſt doux !

L'Amour m'a fait gémir ſous une dure chaîne ;
Mais quand je me plaignois de ſes funeſtes coups ;

*Je*

Je ne connoiſſois pas le plus cruël de tous.
Un autre aime Aréthuſe, & ne craint point ſa haîne ;
Et je vois ſur moi ſeul tomber tout ſon courroux :
C'étoit peu du malheur d'aimer une inhumaine,
Le bonheur d'un rival a redoublé ma peine.

  Amants , qui n'êtes point jaloux ,
   Que votre ſort eſt doux !

# SCENE IV.

## ALPHÉE, ARÉTHUSE.

### ALPHÉE.

INgrate ! écoutés moi, je ne veux plus me plain‑
 dre ,
Je ne vous dirai rien qui vous puiſſe allarmer.

### ARÉTHUSE.

  Vous ceſſés de m'aimer ,
  Je ceſſe de vous craindre.

### ALPHÉE.

Aſcalaphe vous cherche ici ;
Bien‑tôt vous le verrés paroître ;
  Aréthuſe , peut‑être
  Vous le cherchés auſſi ?

       D

*ARÉTHUSE.*

L'aimable Proferpine en votre âme a fait naître
Une nouvelle ardeur;
Si vous ne m'aimés plus, que vous fert de connoître
Le fecret de mon cœur?

*ALPHÉE.*

Faut-il que votre cœur à l'Amour moins rebelle
Récompenfe un amant, fans éprouver fa foi?
Si ce bien eût été le prix du plus fidele,
Ah, vous favés, Cruëlle!
Qu'il n'étoit dû qu'à moi.

*ARÉTHUSE.*

Votre nouvelle chaîne eft fi belle & fi forte!
Pourquoi fonger encore à des liens rompus?
Que vous importe
Qu'un autre emporte
Un prix qui ne vous touche plus?

*ALPHÉE.*

Vous avés fui les foins de mon amour extrême,
Vous m'avés ôté tout efpoir:
Si je difois que je vous aime,
Vous m'ôteriés encor le plaifir de vous voir.

*ENSEMBLE.*

C'eft une ⎰
C'eft un ⎱ autre que moi qui regne dans votre âme;
Vous trouvés d'autres nœuds plus doux...
Envain je veux cacher ma flâme,

Mon amour paroît trop dans mes tranfports jaloux.
Non, je ne puis aimer que vous.

---

# SCENE V.

## ASCALAPHE, ARÉTHUSE, ALPHÉE.

### ARÉTHUSE, à ASCALAPHE.

Est-il vrai que mon cœur foit en votre puiffance ?

### ASCALAPHE.

Je vous aime fans efpérance :
J'ai voulu foulager mon mal
Par le chagrin de mon Rival.

Dans les Enfers, c'eft ainfi qu'on en ufe :
Mes maux n'ont pu trouver d'autre adouciffement.
Pardonnés-moi, belle Aréthufe,
Jene fuis pas le feul qui fe vante en aimant
De poffeder un cœur qu'on lui refufe.

Mais Alphée aujourd'hui n'eft plus tant rebuté ?
Vous ne fuyés plus fa préfence.

### ARÉTHUSE.

Pour punir votre vanité,
Je veux que vous voyiés triompher fa conftance.

D ij

*ASCALAPHE.*

En lui donnant la préférence ,
Vous me rendés la liberté.

Le dépit qui me poffede
Me guérira promtement ;
Vous en faites mon tourment ,
Et j'en ferai mon remede.

---

# SCENE VI.

PLUTON, *dans le fond du Théâtre.*
ASCALAPHE, ALPHÉE, ARÉTHUSE.

*ASCALAPHE.*

Mais Pluton va bientôt rentrer dans fon Empire:
Il paffe en ces lieux , il admire
Les charmes d'un féjour fi doux.

*PLUTON.*

Demeurés, Aréthufe ; Alphée , éloignés-vous.

# SCENE VII.

PLUTON, ARÉTHUSE, ASCALAPHE.

## PLUTON.

LEs efforts d'un Géant qu'on croyoit accâblé
Ont fait encor frémir le Ciel, la Terre & l'Onde.
 Mon Empire s'en eſt troublé ;
 Juſqu'au centre du Monde
 Mon Trône en a tremblé.
L'affreux Tiphoée avec ſa vaine rage
Trébuche enfin dans les gouffres ſans fonds.
L'éclat du jour ne s'ouvre aucun paſſage
Pour pénétrer les Royaumes profonds
 Qui me ſont échûs en partage.
Le Ciel ne craindra plus que ſes fiers Ennemis
 Se relevent jamais de leur chute mortelle ;
Et du Monde, ébranlé par leur fureur rebelle,
 Les fondements ſont raffermis :
Je puis faire goûter une paix éternelle
Aux Peuples ſoûterrains que le ſort m'a ſoûmis.
 ( à Aréthuſe. )
 Mais par vos ſoins puis-je voir Proſerpine
Avant que de quitter cet aimable ſéjour ?

*ARÉTHUSE.*

Cette fiere Beauté s'obſtine
A fuir les Amants & l'Amour.

Dans l'innocent repos de cette ſolitude,
Elle évite les Dieux
De la terre & des cieux :
Jugés de ſon inquïétude
Si le Dieu des Enfers paroiſſoit à ſes yeux ?

Caché ſous cet épais feuillage,
Vous pouriés la voir un moment.

*P L U T O N.*

Allés, il ſuffira que votre ſoin l'engage
A venir dans ce lieu charmant ;
Et ſi je puis la voir, il n'importe comment.

# S C E N E  VIII.

*P L U T O N, A S C A L A P H E.*

*A S C A L A P H E.*

J'Ai peine à concevoir d'où vient le trouble extrême
Où le cœur de Pluton ſemble s'abandonner.

*P L U T O N.*

Tu peux t'en étonner,
J'en ſuis ſurpris moi-même.

'ai trouvé Proferpine en vifitant ces lieux.

Les pleurs coûloient de fes beaux yeux :

Elle fuyoit, interdite & tremblante ;

Pour implorer l'affiftance des Dieux,

Elle tournoit fes regards vers les Cieux :

Sa douleur & fon épouvente

Rendoient encor fa beauté plus touchante.

Les accens plaintifs de fa voix

Ont ému mon cœur inflexible.

Qu'un cœur fier eft troublé quand il devient fen-
fible

Pour la premiere fois !

### A S C A L A P H E.

Contre l'Amour quel cœur peut fe défendre ?

Le tems d'aimer n'eft pas connu ,

Il faut l'attendre.

Quand ce tems fatal eft venu ;

Il faut fe rendre.

Contre l'Amour, quel cœur peut fe défendre ?

### P L U T O N.

De ce Dieu fi puiffant je méprifois les feux ;

J'éprouve enfin fa vengeance cruëlle.

Je l'ai vu , ce Dieu dangereux ,

Il fuivoit Proferpine , il voloit après elle.

J'ai vu de fa fatale main
Partir un trait de flâme ;
J'ai voulu l'éviter envain ,
Le coup a pénétré jufqu'au fond de mon âme.

### ASCALAPHE.

L'Amour a furmonté le Maître des Enfers ;
Il n'a plus rien à vaincre après cette victoire.

### ENSEMBLE.

L'Amour comblé de gloire
Trïomphe de tout l'Univers.

SCENE IX.

## SCENE IX.

PLUTON, ASCALAPHE,
TROUPE DE NYMPHES, *derriere le Théâtre.*

*C H Œ U R , derriere le Théâtre.*

LEs beaux jours & la paix
Sont revenus enfemble.

*P L U T O N.*

La Troupe des Nymphes s'affemble,
Retirons-nous fous ce feuillage épais.

## SCENE X.

PROSERPINE, CYANÉ,
TROUPE DE NYMPHES, *qui arrivent en danfant.*

*C H Œ U R.*

LEs beaux jours & la paix
Sont revenus enfemble.
On ne voit plus de cœur qui tremble,
Tout rit dans ces lieux pleins d'attraits.
Les beaux jours & la paix
Sont revenus enfemble.

E

*PROSERPINE.*

Que notre vie
Doit faire envie !
Le vrai bonheur
Eſt de garder ſon cœur.

*LE CHŒUR.*

Que notre vie , &c.

*PROSERPINE.*

Le jour n'éclaire
Que pour nous plaire :
Ces arbres verds
Ont leur plus beau feuillage ,
Et mille oiſeaux divers,
Dans ce boccage,
Imitent nos concerts
Par leur ramage.

*LE CHŒUR.*

Que notre vie , &c.

*PROSERPINE.*

Tout s'intereſſe
Dans nos deſirs ,
Jamais l'amour ne nous bleſſe ;
Les doux plaiſirs
Sont pour les cœurs ſans foibleſſe.

Que notre vie , &c.

*LE CHŒUR.*

Que notre vie , &c.

*On danse.*

*PROSERPINE.*

Belles fleurs , charmant ombrage ,
Il ne faut aimer que vous.

*LE CHŒUR.*

On ne trouve rien de doux
Quand on eſt dans l'eſclavage.

*PROSERPINE.*

Belles Fleurs , charmant Ombrage ,
Il ne faut aimer que vous.

*LE CHŒUR.*

Les Amants n'ont en partage
Que langueurs, que ſoins jaloux.

*PROSERPINE,*

Belles Fleurs , charmant Ombrage ,
Il ne faut aimer que vous.

*LE CHŒUR.*

Belles Fleurs , charmant Ombrage ,
Il ne faut aimer que vous.

*On danse.*

E ij

*PROSERPINE.*

Nous reverrons bientôt Cerès dans ces beaux lieux,
Il faut lui préparer des guirlandes nouvelles.
Séparons-nous ; voyons qui fait le mieux
Affortir les fleurs les plus belles.

*Pendant que les Nymphes se séparent , Proserpine &*
*Cyané cueillent des Fleurs.*

# SCENE IX.

PLUTON , PROSERPINE , ASCALAPHE,
CYANÉ ; Troupe de Divinités des Enfers.

### PLUTON.

I Nfernales Divinités ,
Secondés mon amour, fortés.

*Une Troupe de Divinités infernales fort de la terre,*
*& le Char de Pluton paroît en même tems : les Nym.*
*phes de la fuite de Proferpine s'enfuient ; Cyané*
*feule refte avec elle.*

### PROSERPINE.

Ciel ! prenés ma défenfe.

*PROSERPINE & CYANÉ.*

O Ciel ! protégés l'innocence !

*PLUTON, ASCALAPHE, ET LES DIVINITÉS INFERNALES.*

Proferpine , ne craignés pas
Un Dieu charmé de vos appas.

*CYANÉ, retenant PROSERPINE.*

Quelle barbare violence !

*PLUTON, à CYANÉ.*

Nymphe, crains ma vengeance !
Sur peine de perdre la voix,
Garde-toi de parler de tout ce que tu vois.

*L'Echarpe de* Proferpine *demeure dans les mains de* Cyané ; *&* Pluton *fait placer* Proferpine *près de lui fur fon Char.*

*PROSERPINE.*

Ciel ! prenés ma défenfe.

*PROSERPINE & CYANÉ.*

Ciel ! protégés l'innocence.

*PLUTON , ASCALAPHE , & LES DIVINITÉS
INFERNALES defcendant aux Enfers avec
PROSERPINE.*

Proferpine , ne craignés pas
Un Dieu charmé de vos appas.

FIN DU SECOND ACTE.

# ACTE TROISIEME.

*Le Théâtre repréfente le Mont Ætna vomiffant des flâmes ; & les lieux d'alentour.*

# SCENE PREMIERE.

TROUPES de NYMPHES & de DIEUX des Bois, derriere le Théâtre.

*C H Œ U R, derriere le Théâtre.*

PRoferpine, répondés-nous.
Hélas! en quels lieux êtes-vous?
Faut-il qu'en vain on vous appelle?
O difgrâce cruëlle !

## SCENE II.

ARÉTHUSE, ALPHÉE.

*ARÉTHUSE.*

N'Aurois-je point innocemment
Caufé tant de cris & de larmes ?
D'un defir curïeux je n'ai point pris d'allarmes;
Qui croiroît que Pluton pût devenir Amant !
Il demandoit à voir Proferpine un moment;
  Je crains qu'il n'ait trop vu fes charmes.
Ce n'eft que par mes foins que Cerès peut fçavoir
Si le Dieu des Enfers tient fa Fille captive ;
Il m'eft permis d'aller fur l'infernale Rive :
Adieu ; dans peu de tems j'efpere vous revoir.

*ALPHÉE.*

Pouvés-vous oublïer qu'il faut que je vous fuive ?

  J'ai fans-ceffe fuivi vos pas,
  Quand j'excitois votre colere:
  Pourrois-je ne vous fuivre pas
  Quand j'ai ceffé de vous déplaire?
     *ENSEMBLE.*

*ENSEMBLE.*

Le bonheur eſt par-tout où l'Amour eſt en paix :
Ne nous quittons jamais.

*Alphée & Aréthuſe deſcendent aux Enfers.*

## SCENE III.

TROUPES *de* NIMPHES & *de* DIEUX *des Bois, derriere le Théâtre.*

CHŒUR, *derriere le Théâtre.*

CErès revient; ah, quelle peine !
Sa Fille n'eſt plus dans ces lieux :
Son eſpérance eſt vaine,
Cachons-nous à ſes yeux.

*Cerès paroît dans ſon Char, & deſcend ſur la terre.*

## SCENE IV.

CERÈS.

E vais revoir ma Fille, elle eſt dans ces campagnes;
Je viens d'y voir les Nimphes ſes Compagnes.
e vais goûter près d'elle un ſort doux & charmant.
élas ! qu'un tendre amour accroît l'empreſſement
F

De la tendreſſe maternelle !
Proſerpine eſt pour moi le gage précïeux
De l'amour du plus grand des Dieux.
C'eſt Jupiter que j'aime en elle.

J'ai rendu les humains heureux ,
Mes travaux ont comblé leurs vœux ;
Il m'eſt permis d'être heureuſe moi - même.
Après avoir acquis un immortel honneur ,
Quand chacun par mes ſoins goûte un bonheur
extreme ,
Qu'il m'eſt doux de ſonger à mon propre bonheur !

Les Nimphes de ces lieux ſemblent fuir ma préſence !
Proſerpine ! ma Fille ? Ah ! quel triſte ſilence !
Eſt-ce ainſi qu'on devoit , dans cet heureux ſéjour,
Se réjouïr de mon retour ?
Venés , Nimphes , venés ; que ma Fille s'avance;
Venés , Dieux des bois , venés tous.

## SCENE V.

### CERÈS.

TROUPES DE NYMPHES ET DE DIEUX DES BOIS,
HABITANTS DE LA CAMPAGNE.

### CERÈS.

MA Fille n'eſt pas avec vous !
Quoi donc ! eſt-ce le ſoin que vous en deviés prendre !
Rendés-moi Proſerpine.... Au lieu de me la rendre ,
Vous m'offrés ſeulement des ſoûpirs & des pleurs !

### *LE CHŒUR.*

O Cerès ! o Mere trop tendre !
Ah , quelles feront vos douleurs !

### CERÈS.

Ciel ! on m'ôte ma Fille ! & qui l'ôſe entreprendre ?

### *LE CHŒUR.*

O Cerès ! o Mere trop tendre !
Ah, quelles feront vos douleurs !

## SCENE VI.

CYANÉ, & les *Acteurs de la Scêne précédente.*

### C Y A N É.

JE reffens vos douleurs, & j'en fuis trop atteinte;
Quoiqu'il puiffe arriver, vous allés tout favoir;
Il faut que mon devoir
L'emporte fur ma crainte.

### C E R È S.

Parle, ma chere Cyané;
Soulage un cœur infortuné.

### C Y A N É.

J'ai fuivi Proferpine, & j'ai pris fa défenfe;
Hélas! tous mes efforts pour elle ont été vains;
Son écharpe eft entre mes mains...

### C E R È S.

Ce cher & trifte objet preffe encor ma vengeance;
Hâte-toi de nommer l'ennemi qui m'offenfe.

### C Y A N É.

C'eft... C'eft...

### C E R È S.

Acheve.

### C Y A N É.

C'eft...

*Cyané eft changée en ruiffeau.*

### CHŒUR.

Ah ! quel malheur nouveau !
Cyané perd la voix , & n'est plus qu'un ruisseau.

---

# SCENE VII.

## CERÈS.

TROUPES DE NIMPHES ET DE DIEUX DES BOIS,
HABITANTS DE LA CAMPAGNE.

### CERÈS.

O Malheureuse Mere !

### LE CHŒUR.

O trop malheureuse Cerès !

### CERÈS.

Les Dieux n'ont pu souffrir qu'une Nimphe sincere
M'ait découvert mes ennemis secrèts.
Je ne saurai donc pas sur qui lancer les traits
De ma juste colere ?
On me ravit une fille si chere !
Jupiter dans les Cieux , sourd à mes vains regrèts,
Ne ressent plus qu'il est son pere !
O malheureuse mere !

### LE CHŒUR.

O trop malheureuse Cerès !

## CERÈS.

Ah , quelle injuſtice cruëlle !
O Dieux ! pourquoi m'arrachés-vous
Un bien que je trouvois ſi doux ?

Par mes ſoins , les champs de Cibelle
De fruits & de moiſſons viennent d'être couverts;
De mes dons précïeux la richeſſe nouvelle
Brille par mes travaux en cent climats divers ;
Et quand de tant de biens j'ai comblé l'Univers,
LesDieux percent mon cœur d'une douleur mortelle.

Ah ! quelle injuſtice cruëlle !
O Dieux ! pourquoi m'arrachés-vous
Un bien que je trouvois ſi doux ?

Après un ſi ſenſible outrage ,
Mon cœur dèſeſpéré s'abandonne à la rage.
Du Monde trop heureux je veux troubler la paix:
Brûlons, ravageons tout , détruiſons mes bienfaits!

*C E R E S ſort pour aller prendre des flambeaux.*

# SCENE VIII.

## TROUPES de NIMPHES & de DIEUX DES BOIS, HABITANTS DE LA CAMPAGNE.

*Les Habitants de la Campagne marquent en danſant l'effroi qu'ils ont des menaçes de CERES.*

## SCENE IX.

*CERÈS, tenant des flambeaux allumés.*

TROUPES DE NYMPHES ET DE DIEUX CHAMPÊTRES, HABITANTS DE LA CAMPAGNE, SUIVANTS DE CERÈS, *portant des flambeaux allumés.*

### CERÈS.

QUe tout fe reffente
De la fureur que je fens.

### LE CHŒUR.

Quel crime avons nous fait ? Divinité puiffante,
Ecoutés les clameurs des peuples gémiffants.

### CERÈS.

J'ai fait du bien à tous, ma fille eft innocente,
Et pour toucher les Dieux nos cris font impuiffants;
J'entendrai fans pitié les cris des innocents.

Que tout fe reffente
De la fureur que je fens.

*Les Suivants de* CERES *brûlent les bleds, malgré les efforts & les cris des Nimphes, des Dieux champêtres & des Habitants de la Campagne.*

### LE CHŒUR.

Ah , quelle épouventable flâme !
Ah , quel ravage affreux !

### CERÈS.

Portons par tout l'horreur qui regne dans mon âme.
Portons par tout d'horribles feux.

### LE CHŒUR.

Ah , quelle épouventable flâme !
Ah , quel ravage affreux !

## FIN DU TROISIEME ACTE.

ACTE

# ACTE QUATRIEME.

*Le Théâtre repréfente les Champs Élifées.*

## SCENE PREMIERE.

### LES OMBRES HEUREUSES.

#### C H Œ U R.

AH, que ces demeures font belles !
Que nous y paffons d'heureux jours !
Quelle félicité pour les Amants fideles !
Ici les amours éternelles
Ont toûjours les douceurs des nouvelles amours.

Ah, que ces demeures font belles !
Que nous y paffons d'heureux jours !

*Les Ombres heureufes marquent par leurs Jeux leur félicité.*

G

# SCENE II.

PROSERPINE, ASCALAPHE,
LES OMBRES HEUREUSES.

*PROSERPINE*, *une grenade à la main.*

MA chere liberté, que vous aviés d'attraits!
En vous perdant, hélas! que mon âme eſt atteinte
    De douleur, de trouble & de crainte!
Ma chere liberté, que vous aviés d'attraits!
    Faut-il vous perdre pour jamais?

Ombres que j'interroms, ſouffrés ma triſte plainte:
Ce n'eſt pas pour mon cœur que vos plaiſirs ſont
    faits ;
Plaignés-vous avec moi du Dieu qui m'a contrainte
De troubler la douceur de votre heureuſe paix.

Ma chere liberté, que vous aviés d'attraits !
En vous perdant, hélas ! que mon âme eſt atteinte
    De douleur, de trouble & de crainte !
Ma chere liberté, que vous aviés d'attraits !
    Faut-il vous perdre jamais ?

## ASCALAPHE.

Aimés qui vous aime,
Rien n'eſt ſi charmant.
Pluton n'eſt pas un Dieu ſujet au changement :
Il vous offre ſon cœur avec ſon Diadême.

## LES OMBRES.

Aimés qui vous aime,
Rien n'eſt ſi charmant.

## PROSERPINE.

Que n'eſt-il ſatisfait de ſa grandeur ſuprême !
J'étois heureuſe ſans amant :
Mon cœur ſe contentoit de régner ſur lui-même.

## LES OMBRES.

Aimés qui vous aime,
Rien n'eſt ſi charmant.

G ij

# SCENE III.

ARÉTHUSE, ALPHÉE, PROSERPINE, ASCALAPHE.

### P R O S E R P I N E.

ESt-ce une illusion dont le charme m'abuse ?
Estce-toi, ma chere Aréthuse ?

### A. R É T H U S E.

Pluton veut qu'avec vous nous demeurions ici ;
Nous suivons sans effort la loi qu'il nous impôse.

### A L P H É E.

Ce Dieu veut soulager le chagrin qu'il vous cause,
Et croit que par nos soins il peut être adouci.

### A R É T H U S E.

Il attend, pour vous voir, que de votre colere
Les premiers transporrs soient calmés.

### A L P H É E, E T A R É T H U S E.

Le Dieu que vous charmés
Ne songe qu'à vous plaire.

### P R O S E R P I N E.

Que devient pour l'Amour ton mépris éclatant ?

Cet Amant, près de toi, goûte un bonheur paisible.

### ARÉTHUSE.

Rien n'est impossible
A l'Amour constant.

### ASCALAPHE, ARÉTHUSE, ET ALPHÉE.

Voyés ce beau séjour, ces charmantes campagnes,
Ces vallons écartés, ces paisibles forêts.

### PROSERPINE.

Ne reverrai-je plus Cerès !
Ne reverrai-je plus mes fideles compagnes !

### ASCALAPHE.

Vous avés, par malheur, goûté de quelques grains
D'un fruit de ces lieux soûterrains.

### ALPHÉE, ET ARÉTHUSE.

Pluton le sait, il vient de nous le dire.

### ASCALAPHE.

J'ai pris soin de l'en avertir.
Par l'arrêt du Destin, le Dieu de cet Empire
Peut vous voir désormais autant qu'il le desire.

### ALPHÉE, ARÉTHUSE, ET ASCALAPHE.

Jamais, s'il n'y veut consentir,
Du séjour des Enfers vous ne pourrés sortir.

*P R O S E R P I N E.*

Je ne verrai jamais la lumiere celeste !

Dans une ardente soif, par un secours funeste,
C'est toi qui m'as montré ce fruit si dangereux:
Tu m'as caché l'arrêt du Destin rigoureux ;
     Perfide ! c'est toi qui m'abuses ,
     Et c'est toi-même qui m'accuses !
Ah ! du-moins le Destin éxaucera les vœux
     De ma juste vengeance.
Tu ne surprendras plus la crédule innocence ;
     Tu seras un objet affreux ,
     Et d'un présage malheureux.
Va, Cruël ! va languir dans l'horreur des ténebres ;
Va ; devien, s'il se peut, aussi triste que moi ;
     Que tes cris soient des cris funebres ;
Que le sombre chagrin, que le mortel effroi,
Ne se lassent jamais de voler après toi !

*Ascalaphe est transformé en Hibou , & s'envole.*

# S C E N E   I V.
## P L U T O N ,   P R O S E R P I N E.

*P R O S E R P I N E.*

V Enés-vous contre moi défendre un téméraire ?

*P L U T O N.*

Votre pouvoir ici ne sera point borné:

On n'eſt point innocent quand on peut vous dé-
plaire.
Epuiſés, s'il ſe peut, ſur cet Infortuné,
  Tous les traits de votre colere.

### P R O S E R P I N E.

Tout reſſent ici bas mon trouble & ma terreur;
Les Ombres, ſans trembler, ne peuvent plus m'en-
tendre;
  Ne ſouffrés pas que ma fureur
De cet heureux ſéjour faſſe un ſéjour d'horreur;
A la clarté du Ciel hâtés-vous de me rendre.

### P L U T O N.

Ne regrettés point tant la lumiere des Cieux.
Des Aſtres, faits pour nous, éclairent ces beaux
lieux;
  Jamais un verdoyant feuillage
Ne ceſſe de parer les arbres de nos bois;
Sans-ceſſe dans nos champs nous trouvons à la fois
  Des fruits, des fleurs & de l'ombrage;
  Ft le tems affreux des frimats
Eſt la ſeule ſaiſon que l'on n'y connoît pas.

### P R O S E R P I N E.

  Mon triſte cœur ne peut connoître
La douceur des appas qu'on voit ici paroître;
Hélas! ces lieux ſi beaux, où je frémis d'effroi,
  Sont toûjours les Enfers pour moi.

### P L U T O N.

Je fuis roi des Enfers, Neptune eft roi de l'Onde:
Nous regardons avec des yeux jaloux
Jupiter plus heureux que nous;
Son Sceptre eft le premier des trois fceptres du
Monde:
Mais fi de votre cœur j'étois victorïeux,
Je ferois plus content d'adorer vos beaux yeux,
Au milieu des Enfers, dans une paix profonde,
Que Jupiter, le plus heureux des Dieux,
N'eft content d'être roi de la Terre & des Cieux.

### P R O S E R P I N E.

Que deviendra Cerès, à qui je fuis fi chere !
Quelle furprife ! Hélas ! quelle douleur amere !
Hélas !

### P L U T O N.

Ne donnerés-vous
Des foûpirs qu'à votre Mere ?
Aimés, Beauté trop fevere :
Les foûpirs d'amour font doux.

### P R O S E R P I N E.

D'un infenfible cœur que pouvés vous attendre ?

### P L U T O N.

J'ignorois le pouvoir des traits qui m'ont furpris.
Mon cœur ne connoiffoit rien de doux ni de tendre.

Ne

Ne pourrai-je vous apprendre
Ce que vous m'avés appris ?

### PROSERPINE.

Dieu cruël ! vous n'aimés que les pleurs & les cris.
Deviés-vous aux Enfers me contraindre à descendre?
Vous m'ôtés le bonheur qui m'étoit destiné.

### PLUTON.

Est-ce à moi qu'il faut vous en prendre ?
Accusés-en l'amour que vous m'avés donné.

### PROSERPINE.

Voulés-vous me causer d'éternelles allarmes ?

### PLUTON.

Voulés-vous me causer d'éternels déplaisirs.

### PROSERPINE.

Laissés-moi suivre en paix mes innocents desirs.

### PLUTON.

Laissés-moi la douceur de voir toûjours vos charmes.

### PROSERPINE.

Voyés couler mes larmes.

### PLUTON.

Ecoutés mes soûpirs.

### ENSEMBLE.

PLUT. ⎰ Mon amour fidele
PROS. ⎱ Ma douleur mortelle

ENSEMBLE. ⎰ Ne touche point votre cœur ?
⎱ Ah , quelle rigueur !

H

### PLUTON.

N'importe, fuſſiés-vous cent fois plus inhumaine,
Mon amour entreprend de vaincre votre haîne.

Que l'on ſuſpende ici les tourments éternels
Des plus grands criminels :
Qu'aux Enfers en ce jour tout ſoit exemt de peine.
Vous, qu'un heureux repos ſuit après le trépas,
Et vous Dieux mes ſujèts, venés, hâtés vos pas.

---

# SCENE V.

## PLUTON, PROSERPINE,
### OMBRES HEUREUSES, DIVINITÉS INFERNALES.

### PLUTON.

REndés hommage à votre Reine ;
Admirés ſes divins appas.
Régnés aimable Souveraine,
Régnés à-jamais ici bas.

### LES CHŒURS.

Rendons hommage à notre Reine, &c.

*Les Ombres heureuſes & les Divinités Infernales rendent hommage à PROSERPINE, & témoignent leur joie par leurs danſes & par leurs chants.*

*UNE OMBRE.*

C'eſt aſſés verſer de larmes
Dans cet aimable ſéjour.

*CHŒUR D'OMBRES.*

Un Dieu ſe rend à vos charmes ;

*L'OMBRE.*

Rendés-vous à ſon amour.

*LE CHŒUR.*

Rendés-vous à ſon amour.

*L'OMBRE.*

Pourquoi refuſer ſes vœux ?
Formés les plus tendres nœuds.

*LE CHŒUR.*

L'amour ſeul peut rendre heureux.

*L'OMBRE.*

Ceſſés de craindre ſes feux.

*LE CHŒUR.*

C'eſt aſſés verſer de larmes
Dans cet aimable ſéjour.

*L'OMBRE.*

Un Dieu ſe rend à vos charmes ;
Rendés-vous à ſon amour.

*LE CHŒUR.*

Rendés-vous à ſon amour.

*L'OMBRE.*

Goûtés le plaiſir d'aimer.

H ij

*LE CHŒUR.*

Il eſt doux de s'enflâmer.

*L'OMBRE.*

Quand on ſait charmer,

L'Amour doit-il allarmer ?

*LE CHŒUR.*

L'Amour doit-il allarmer ?

*L'OMBRE.*

C'eſt aſſés verſer de larmes

Dans cet aimable ſéjour.

*LE CHŒUR.*

Un Dieu ſe rend à vos charmes ;

*L'OMBRE.*

Rendés - vous à ſon amour.

*LE CHŒUR.*

Rendés-vous à ſon amour.     *On danſe.*

*LES CHŒURS.*

Dans les Enfers

Tout rit, tout chante ;

On vous doit, Beauté charmante,

La douceur de nos concerts :

Un Dieu ſevere.

Par vos yeux eſt enflâmé,

Tout ſon Empire vous revere ;

Qu'il eſt doux d'avoir charmé

Un cœur qui n'a jamais aimé !

## FIN DU QUATRIEME ACTE.

# ACTE CINQUIEME.

*Le Théâtre repréfente le Palais de* P L U T O N.

## SCENE PREMIERE.

### PLUTON, LES TROIS FURIES;
#### TROUPE DE DIVINITÉS INFERNALES.

#### P L U T O N.

VOus, qui reconnoiffés ma fuprême puiffance,
Donnés-moi des confeils, donnés-moi du fecours.
   L'orgueilleux Jupiter m'offenfe :
Il veut rompre aujourd'hui l'heureufe intelligence
Que nous avions juré de conferver toûjours.

Les Dieux ont aimé tous, & le Dieu du ciel même
    S'eft laiffé cent fois enflâmer :
    C'eft la premiere fois que j'aime,
Et l'on veut me ravir ce qui m'a fu charmer.
    Ah ! c'eft une rigueur extrême
De condamner un cœur à ne jamais aimer.

C'eſt votre Reine qu'on demande ;
Jupiter veut que je la rende ,
Ft Mercure prétend l'enlever d'ici bas :
Pouvons-nous endurer que l'on nous la raviſſe ?

### LE CHŒUR.

Non , non ; c'eſt une injuſtice
Que nous ne ſouffrirons pas.

### PLUTON.

Et par quel droit faut-il que Jupiter s'obſtine
A troubler le bonheur que l'Amour me deſtine ?
Mon pouvoir n'eſt-il pas indépendant du ſien ?
Gardons Proſerpine :
. Les Enfers ne rendent rien.

### LE CHŒUR.

Gardons Proſerpine :
Les Enfers ne rendent rien.

### PLUTON.

Que le Ciel menace, qu'il tonne ;
Il faut que rien ne nous étonne.
Nous avons pour nous en ce jour
Le Deſtin & l'Amour.

### LE CHŒUR.

Que le Ciel menace , qu'il tonne ;
Il faut que rien ne nous étonne,

Nous avons pour nous en ce jour,
Le Deſtin & l'Amour.

### LES TROIS FURIES.

Plûtôt que de ſouffrir l'injure
Que le Ciel veut faire aux Enfers ;
Renverſons toute la nature !
Périſſe l'Univers !

### PLUTON ET LE CHŒUR.

Renverſons toute la nature !
Périſſe l'Univers !

***

# SCENE II.

*Le Théâtre change, & repréſente une Solitude.*

### CERÈS.

DEſerts écartés, ſombres lieux,
Cachés mes ſoûpirs & mes larmes.

Mon déſeſpoir a trop de charmes
Pour les impitoyables Dieux.

Deſerts écartés, ſombres lieux,
Cachés mes ſoûpirs & mes larmes.

Les Dieux étoient jaloux de mon ſort glorïeux ;
C'eſt un doux ſpectacle à leurs yeux

Que les malheurs cruëls dont je fuis pourfuivie :
Ils fe font un plaifir de mes cris furïeux ;
Jupiter m'a livrée à leur barbare envie :
Jupiter me trahit, ma Fille m'eft ravie,
　　　Je perds ce que j'aimois le mieux.
Infortunée, hélas ! le jour m'eft odïeux,
Et je fuis pour jamais condamnée à la vie.
Ah, je ne puis foüffrir la lumiere des Cieux !
　　　Mon dèfefpoir a trop de charmes
　　　Pour les impitoyables Dieux.

　　　Deferts écartés, fombres lieux,
　　　Cachés mes foûpirs & mes larmes.

# SCENE III.
## CERÈS, VOIX INFERNALES.
### C E R É S.

QUels abîmes fe font ouverts ?
Qu'entends-je ? quel affreux murmure !

## V O I X  I N F E R N A L E S.

Renverfons toute la nature !
Périffe l'Univers !

### C E R É S.

Le Ciel n'eft point touché des maux que j'ai foufferts :
L'Enfer prendroit-il part aux peines que j'endure !

VOIX

VOIX INFERNALES.

Renverſons toute la nature !
Périſſe l'Univers !

CERÈS.

Périſſe l'Univers !

___

# SCENE IV.

## CERÈS, ALPHÉE & ARÉTHUSE,
### *Sortant des Enfers.*

CERÈS.

NE m'apprendrés - vous point où ma Fille peut
être ?

ARÉTHUSE.

Votre ennemi ſecret veut ſe faire connoître ;
Enfin vous allés tout ſavoir.
De l'Empire infernal le redoutable Maître,
Tient votre Fille en ſon pouvoir.

ALPHÉE.

Le Dieu qui pour elle ſoûpire
Eſt un des trois grands Dieux, maîtres de l'Univers.

ARÉTHUSE.

Elle eſt Reine d'un vaſte Empire.

I

*ALPHÉE ET ARÉTHUSE.*

Il eſt beau de régner, même dans les Enfers.

### CERÈS.

Quelque honneur qu'aux Enfers on s'empreſſe à lui
 rendre,
Elle n'en peut ſortir, & je n'y puis deſcendre:
  Je la perds, je perds tout eſpoir;
  Je ne pourrai jamais la voir.

*ALPHÉE ET ARÉTHUSE.*

Jupiter la demande, & l'Enfer plein d'allarmes,
  Pour la garder a pris les armes.

### CERÈS.

Jupiter n'eſt donc pas inſenſible aux regrèts
  De la malheureuſe Cerès ?

Obtenés, Dieu puiſſant, que ma fille revienne!
Sans troubler votre paix, j'irois ſuivre ſes pas,
Si je pouvois paſſer dans la nuit du trépas :
  Ne ſouffrés plus que l'Enfer la retienne;
Grand Dieu ! c'eſt votre fille auſſi-bien que la mienne:
  C'eſt votre fille ; hélas !
  Ne l'abandonnés pas.

# SCENE V.

## (MERCURE *defcend du Ciel.*)

MERCURE, CERÈS, ALPHÉE, ARÉTHUSE.

### MERCURE.

Tous les Dieux font d'accord, pour vous tout
s'intéreffe :
　　Proferpine verra le jour.
Elle fuivra Cerès & Pluton tour à tour ;
Elle partagera fon tems & fa tendreffe
　　Entre la Nature & l'Amour.
Vous verrés votre fille, & Jupiter lui-même
A pris foin qu'à vos vœux le fort ait répondu.

### CERÈS.

　　Après une peine extrême,
　Qu'un bien qu'on avoit perdu
　Eft doux, quand il eft rendu
　Par les foins de ce qu'on aime !

### MERCURE.

L'Himen affemble tous les Dieux
De l'Empire infernal, de la Terre & des Cieux.

*Le Ciel s'ouvre :* JUPITER *paroît accompagné des
Divinités céleftes :* PLUTON & PROSERPINE
*fortent des Enfers, affis fur un Trône.*

*Une Troupe de Divinités Infernales accompagne* PLUTON.
*Une autre Troupe de Divinités de la Terre vient pren-*
*dre part à la joie de* C E R E S, *& à la gloire de*
P R O S E R P I N E.

# SCENE DERNIERE.

JUPITER, PLUTON, PROSERPINE, CERES,
MERCURE, ALPHÉE, ARÉTHUSE;
TROUPES DE DIVINITÉS CÉLESTES,
TERRESTRES, & INFERNALES.

### J U P I T E R.

C Erès, que de vos pleurs le triste cours finisse;
Qu'avec Pluton Proserpine s'unisse.

Que l'on enchaîne pour jamais
La Discorde & la Guerre :
Dans les Enfers, dans les Cieux, sur la Terre,
Tout doit jouïr d'une éternelle paix.

### L E   C H Œ U R.

Que l'Amour triomphe à jamais !
Quand il rend le calme à la Terre
Le Dieu qui lance le Tonnerre
Répand sur nous mille bienfaits.

*On danse.*

## PROSERPINE.

Les traits que l'Amour lance
Sont toûjours des traits vainqueurs.
Il regne fur tous les cœurs :
Pourquoi lui faire réfiftance ?

Cédons au plus charmant des Dieux.
L'effort qu'on fait pour fe défendre,
Ne fert qu'à rendre
Son trïomphe plus glorïeux.

Les traits que l'Amour lance
Sont toûjours des traits vainqueurs.
Il regne fur tous les cœurs :
Pourquoi lui faire réfiftance ?

*On danfe.*

## ARÉTHUSE.

Eft-il fans aimer
Des biens qu'un cœur defire ?
Non, non ; l'Amour feul peut charmer.
Doit-on s'allarmer
Des tranfports qu'il infpire ?
Non, non ; laiffons-nous enflâmer.

## LE CHŒUR.

Eft-il fans aimer
Des biens qu'un cœur defire ?

Non, non ; l'Amour feul peut charmer.
Doit-on s'allarmer
Des tranfports qu'il infpire ?
Non, non ; laiffés-vous enflâmer.

ARÉTHUSE.

Dans ces lieux
Il choifit fon Empire.
L'air qu'on y refpire
Eft rempli de fes feux.
Au tendre délire ,
Aux foins amoureux
Cédons; ici tout confpire
Pour nous rendre heureux.

LE CHŒUR.

Eft-il fans aimer, &c.

ARÉTHUSE.

Dans fes chaînes
S'il eft quelques peines,
Les foûpirs
Font naître les plaifirs.
Aimons , fans nous contraindre.
Doit-on craindre
Sous fes loix
Quand on fait un bon choix ?

Que nos voix
Célébrent fon Empire.
Qu'on entende dire
Mille & mille fois.

## ARÉTHUSE & LE CHŒUR.

Eft - il fans aimer, &c.

*Les Divinités céleftes, terreftres & infernales témoignent par leurs Chants & par leurs Danfes, la joie qu'ils ont de voir l'intelligence rétablie entre les plus grands Dieux du Monde, par le Mariage de PLUTON & de PROSERPINE.*

## FIN DU DERNIER ACTE.

## APPROBATION.

J'AI lu, par ordre de Monfeigneur le Chancelier, une Réimpreffion de l'Opéra de PROSERPINE. A Verfailles, ce 7 Novembre 1758.

DEMONCRIF.

www.ingramcontent.com/pod-product-compliance
Lightning Source LLC
LaVergne TN
LVHW022021080426

835513LV00009B/827